Das Witzebuch für

Kinder ab 10 Jahren

Mit über 400 Kinderwitzen und Scherzfragen

Hilbert Lacher

ISBN:
9781674455914

DANKSAGUNG

Ich bedanke mich bei dir als Leser dieses Taschenbuches und wünsche dir damit eine unterhaltsame Zeit.

VORWORT

Tolle Witze für viel Spaß!
Hier erwarten dich supertolle Kinderwitze.

Diese Witze sind eine Auswahl von lustigen Witzen, welche Kindern am besten gefallen haben.

Es ist der super Zeitvertrieb für dich, sorgt für gute Unterhaltung und bereit einfach riesen Spaß - alleine oder beim Lesen zu zweit oder in einer Gruppe.

Ich wünsche dir viel Spaß damit!

Mutter: «Petra, möchtest du lieber ein Brüderchen oder ein Schwesterchen?»
Petra: «Och, wenn es nicht zu schwer für dich ist, Mutti, möchte ich am liebsten ein Pony.»

Was ist der Unterschied zwischen Brokkoli und Nasenschleim?
Es ist schwierig Kinder zu finden, die Brokkoli gerne essen.

Mann auf dem Standesamt: «Guten Tag! Ich möchte gerne meinen Namen ändern!»
Beamter: «Wie heißen Sie denn?»
Mann: «Brenz.»
Beamter: «Aber das ist doch ein normaler Name.»
Mann: «Ja, schon, aber jedes Mal wenn ich telefoniere und mich mit 'Hier Brenz' melde, kommt die Feuerwehr!»

Ziehen drei Männer in ein Haus ein.
Herr Keiner, Herr Dumm und Herr Niemand.
Herr Keiner wohnt oben, Herr Dumm in der Mitte und Herr Niemand unten. Alle Männer gehen auf ihre Terrasse. Herr Keiner spuckt Herrn Dumm auf den Kopf.
Herr Dumm geht zum Wachtmeister und sagt: «Keiner hat mir auf den Kopf gespuckt, und Niemand hat's gesehen.»
Darauf der Wachtmeister: «Sagen Sie mal, sind Sie etwa Dumm?» Da sagt Herr Dumm: «Ja, woher kennen sie denn meinen Namen?»

Ein Opa geht mit seinem Enkel in der freien Natur spazieren und sagt: «Nun sieh dir doch nur diese schöne Natur an, die grünen Bäume und die saftigen Wiesen.» Er knickt einen Grashalm ab und kaut auf ihm herum.
Fragt der Enkel: «Opa bekommen wir jetzt ein neues Auto?»
«Wie kommst du denn jetzt auf die Idee?»
«Na, weil Papa gesagt hat, wenn Opa ins Gras beißt, bekommen wir ein neues Auto.»

Ein Geistlicher will sich im Wilden Westen ein Pferd kaufen.
Händler: «Kaufen Sie diesen Rappen. Er rennt bei 'Gott sei dank' los und bleibt bei 'Amen' stehen.»
Der Geistlich kauft das fromme Tier und reitet los. Nach einiger Zeit galoppiert das Pferd auf eine Schlucht zu. Der Geistliche betet verzweifelt ein Vaterunser und bei dem Amen bleibt das Pferd kurz vor der Schlucht stehen.
Geistlicher: «Gott sei Dank!»

Meier stürzt in einen Haushaltswarenladen: «Schnell eine Mausefalle! Ich muss den Bus noch erwischen!»
Verkäufer: «Tut mir leid, aber so große Fallen haben wir nicht!»

Ein Mann kauft einen Schäferhund.
Neuer Besitzer: «Mag der Hund auch kleine Kinder?»
Alter Besitzer: «Ja, aber es ist billiger, wenn Sie ihm Hundekuchen kaufen.»

Verhandlung im Gerichtssaal.
Richter zum ersten von drei angeklagten Männern: «Nun, was haben Sie angestellt?»
Erster Angeklagter: «Ich habe den Stein in den Kanal geworfen!»
Richter: «Das ist kein Delikt. Freispruch!»
Richter zum zweiten Angeklagten: «Und welche Straftat haben Sie begangen?»
Zweiter Angeklagter: «Ich habe dabei geholfen, den Stein in den Kanal zu werfen!»
Richter: «Das ist auch kein Verbrechen. Freispruch!»
Richter zum Dritten Angeklagten: «Und weshalb sind Sie nun angeklagt?»
Dritter Angeklagter: «Ich bin der Stein, Euer Ehren! Hubert Stein!»

Eine Katze und eine Maus kommen in eine Bäckerei.
Maus: «Ich möchte gerne ein Stück Pflaumenkuchen mit Sahne.»
«Und sie?» fragt die Verkäuferin die Katze.
«Ich möchte nur einen Klacks Sahne auf die Maus.»

Eine Fliege saust haarscharf an einem Spinnennetz vorbei.
Spinne: «Na, warte ab, morgen erwische ich dich.»
Fliege: «Ätsch, ich bin eine Eintagsfliege.»

Eine Känguru-Mutter kratzt sich nach Leibeskräften. Dann fährt sie ihr Baby an: «Wie oft habe ich dir schon gesagt, dass du den Zwieback nicht im Bett essen sollst!»

Ein dünnes und ein dickes Pferd treffen sich. Sagt das Dicke: «Wenn man dich anguckt, könnte man meinen, eine Hungersnot ist ausgebrochen!» Darauf das Dünne: «Und wenn man dich anschaut, könnte man meinen, du bist schuld daran!»

Treffen sich zwei Mäuse und plaudern. Auf einmal fliegt eine Fledermaus vorbei. Da sagt die eine Maus zur andern: «Wenn ich groß bin, werde ich auch Pilot!»

Kommt ein Frosch in den Laden. Fragt der Verkäufer: «Was darf`s denn sein?» Frosch: «Quark.»

Fritz fragt den Lehrer: «Kann man eigentlich bestraft werden, wenn man nichts gemacht hat?»
«Natürlich nicht!», entgegnet dieser.
«Prima», meint Fritz, «ich hab nämlich meine Hausaufgaben nicht gemacht!»

In der Schule sind zwei Garderobenhaken angebracht worden. Darüber ein Schild: «Nur für Lehrer!» Am nächsten Tag klebt ein Zettel darunter: «Aber man kann auch Mäntel daran aufhängen!»

«Christian, du hast dieselben 10 Fehler im Diktat wie dein Tischnachbar. Wie erklärt sich das wohl?»
Christian: «Ganz einfach. Wir haben die gleiche Lehrerin!»

«Wenn ich sage, ‚ich bin schön gewesen', dann spreche ich in der Vergangenheitsform. Wenn ich nun aber sage: ‚ich bin schön', was ist das?» «Eine glatte Lüge, Frau Lehrerin.» platzt Basti heraus.

Die Mutter zu ihrem Sohn: «Kannst du bitte schnell den Salzstreuer auffüllen?» Eine Stunde später kommt der Kleine schluchzend und schniefend aus der Küche: «Ich schaffs einfach nicht das Zeug durch die Löcher zu stopfen!»

«Hast du schon einmal gesehen, wie ein Kälbchen geboren wird?», fragt der Bauer den kleinen Fritz. «Nein, wie denn?» - «Zuerst kommen die Vorderbeine, dann der Kopf, dann die Schultern und der Körper und zum Schluss die Hinterbeine.» - «Toll, und wer bastelt das dann alles wieder zusammen?»

«Nun Fritzchen, kannst du mir den Unterschied zwischen ‚ausreichend' und ‚genug' erklären?» - «Kann ich. Ausreichend ist, wenn Mutti mir Schokolade gibt. Genug ist, wenn ich mir selber welche nehme!»

Kommt ein Pferd in den Blumenladen und fragt:
"Ham-se-Ma-geritten?"

"Wir sind eine sehr wissbegierige Familie."
"So?"
"Ja, meine Schwester macht einen Französisch-Kurs, meine Mutter macht einen Kochkurs, und mein Vater macht Konkurs!"

Sagt ein Mädchen zu einem Jungen: "Weißt du, dass Mädchen schlauer sind als Jungs?"
Antwortet der Junge: "Nein, das wusste ich nicht."
Antwortet das Mädchen: "Siehst Du!!".

Oma ist zu Besuch ...
... und schüttelt missbilligend bei Tisch den Kopf und tadelt ihre Enkelin: "Aber Julia, wie kann man nur mit vollem Mund reden?"
Antwortet Julia: "Alles Übung, Oma."

Klein-Erna abends zu ihrer Mutter: "Kennst du den Unterschied zwischen Radio, Fernsehen und Taschengelderhöhung?"
"Nein!"
"Das Radio hört man, das Fernsehen sieht man, aber von einer Taschengelderhöhung hört und sieht man leider überhaupt nichts!"

Tim kommt kreidebleich vom Indianer spielen nach Hause. „Tim, mein Kleiner, haben sie dich wieder an den Marterpfahl gebunden?" „Nein Mami, heute haben wir die Friedenspfeife geraucht."

„Vati, was ist ein Vakuum?" — „Ach, ich hab's im Kopf aber ich komm im Augenblick nicht drauf."

„Papa, warum dreht sich eigentlich die Erde?" — „Um Himmels willen, Junge, warst du an der Gin-Flasche?"

Ein Mann rennt völlig außer Atem zum Bootssteg, wirft seinen Koffer auf das drei Meter entfernte Boot, springt hinterher, zieht sich mit letzter Kraft über die Reling und schnauft erleichtert: „Geschafft!" Einer der Seeleute: „Gar nicht so schlecht, aber warum haben Sie eigentlich nicht gewartet, bis wir anlegen?"

Polizist: „Herzlichen Glückwunsch. Sie sind der hunderttausendste Autofahrer, der diese Brücke überquert hat und Sie bekommen 10.000 Euro! Was möchten Sie mit dem Geld anfangen?"
Fahrer: „Dann mach ich zuerst mal den Führerschein."
Frau: „Hören Sie nicht auf ihn, er ist total betrunken."
Schwerhöriger Opa: „Ich hab euch doch gesagt, dass wir mit diesem gestohlenen Auto nicht weit kommen."
Stimme aus dem Kofferraum: „Kinder, sind wir schon hinter der Grenze?"

Verkehrsfunk: „Bitte fahren sie äußerst rechts und überholen sie nicht, es kommt ihnen ein Fahrzeug entgegen!"
Mann empört: „Eins? Hunderte!"

Eine alte Dame sucht im überfüllten Bus einen Sitzplatz.
Junger Mann: „An der nächsten Haltestelle müssen Sie schwer auf Draht sein, da steige ich aus."

Ein Mann sitzt im Zug und kaut schweigend an seinem Kaugummi.
Ältere Dame gegenüber: „Junger Mann, es ist ja sehr freundlich von Ihnen mir so viel zu erzählen! Leider bin ich völlig taub."

Die Stewardess verteilt im Flugzeug Kaugummi. „Das ist gut für die Ohren."
Älterer Herr nach einigen Stunden: „Können Sie mir mal sagen, wie man das Zeug wieder aus den Ohren herausbekommt?"

Im Bus sitzt ein Junge mit einer Schnupfennase.
Feiner Herr neben ihm: „Sag mal, hast du denn gar kein Taschentuch, Junge?“
Junge: „Schon, aber ich verleihe es nicht.“

Im Ferienheim.
Inge: „Der Frühstückskaffee schmeckt heute wie Spülwasser!“
Heidi: „Das ist doch Tee.“
Heimleiterin aus der Küche: „Noch jemand Kakao?“

Reizende alte Dame bei Ihrer ersten Seereise.
Steward: „Sind sie zufrieden?“
Alte Dame: „Es ist alles wunderbar.“ Erklärt sie begeistert und zeigt auf das Bullauge.
„Vor allem der Wandschrank, was da alles reingeht!“

Brömmel steigt torkelnd in die U-Bahn.
Brömmel zu einem Herrn in Uniform: „Einmal Beethovenplatz!“
Herr: „Was erlauben Sie sich. Ich bin Admiral und kein Schaffner.“
Brömmel: „Tschuldigung, ich wusste ja nicht, dass ich auf einem Schlachtschiff gelandet bin.“

Hubert fährt freihändig auf dem Fahrrad.
Polizist: „Wie heißt du?“
Hubert: „Hubert Meier!“
Polizist: „Und dein Alter?“
Hubert: „Auch Meier!“

Ein Fernfahrer macht in einer Raststätte Pause. Kommen zwei Rocker in Motorradkluft rein, ziehen ihm die Serviette durch die Suppe, beschmieren seine Haare mit Senf, stülpen ihm den Zuckernapf über den Kopf und bekleckern sein Hemd mit Ketschup. Der Fernfahrer zahlt seine Rechnung und steht auf. Danach verlässt er ungerührt das Lokal.
Fragen die Rocker total verstört den Kellner: „Was war das denn für ein Typ?“
Kellner: „Wirklich ein seltener Idiot! Und Auto fahren kann er auch nicht! Eben hat er zwei Motorräder beim Rückwärtssetzen zu Schrott gefahren!“

Fremder: „Wie komme ich am schnellsten zum Krankenhaus?“
Taxifahrer: „Ja, wenn sie mich so fragen: Am besten machen Sie die Augen zu und gehen über die Hauptstraße, ohne sich um die Huperei zu kümmern. Dann werden sie gleich mit Blaulicht hingefahren.“

Protzkes waren in Rom. Ein Bekannter möchte wissen: „Haben Sie auch alles besichtigt, zum Beispiel das Kapitol?“
Protzte: „Wenn wir schon mal in Rom sind, dann gehen wir doch nicht ins Kino!“

Zwei Eisbären treffen sich in der Wüste.
Eisbär zum anderen: „Mann, müssen die hier einen strengen Winter haben. Alles gestreut!“

Jeepfahrer in der Wüste: „Wie komme ich ins nächste Dorf?"
Beduine: „Da fahren sie immer geradeaus, und nächste Woche biegen Sie links ab."

Ein Mann läuft mit einem Pinguin auf dem Arm durch die Stadt.
Passant: „Wo haben Sie denn den her?"
Mann: „Ist mir so zugelaufen! Was meinen Sie soll ich mit ihm machen?"
Passant: „Gehen Sie doch mit ihm in den Zoo!"
Nach ein paar Stunden treffen sich die drei wieder.
Passant: „Aber ich sagte ihnen doch, gehen Sie mit ihm in den Zoo!"
Mann: „Waren wir ja, jetzt gehen wir ins Kino."

Zwei Tauben auf dem Dach beobachten, wie ein Düsenjäger mit langem Kondensstreifen über den Himmel zischt.
Eine Taube: „Der hat es aber eilig."
Andere Taube: „Was würdest Du denn machen, wenn dir der Hintern qualmt."

Herr Brömmel hat Besuch von einem alten Bekannten.
Plötzlich kommt Brömmels Hund ins Zimmer und bittet: „Kannst du mir die Zeitung geben?"
Sein Freund ist wie vom Donner gerührt.
Brömmel: „Ach was, der alte Angeber kann doch gar nicht lesen! Der guckt sich bloß die Bilder an"

Zwei Goldfische sitzen auf einem Baum und stricken. Da fliegen zwei Elefanten vorbei.
Sagt der eine Goldfisch: „Ja, fliegen müsste man können."

Im Wartezimmer sitzt eine Dame mit einem Papagei auf dem Schoß.
Arzthelferin: „Sie sind hier nicht beim Tierarzt, sondern beim Psychiater!"
Dame: „Weiß ich, weiß ich! Ich komme ja auch wegen meines Mannes! Er bildet sich ein, ein Papagei zu sein."

Cowboy: „Du hast wirklich ein intelligentes Pferd, Joe!"
Joe: „Alles halb so wild! Kürzlich bin ich mal gestürzt und habe den Gaul nach dem Arzt geschickt. Weißt du, mit wem er zurückkam? Mit dem Tierarzt!"

Ein Schaf geht in Hollywood neugierig durch das Filmgelände, findet eine alte Filmrolle und frisst sie auf. Als ein anderes Schaf vorbeikommt und fragt, wie die Rolle geschmeckt hat, sagt es: „Also, wenn du mich fragst, das Buch fand ich besser."

Robbenmutter: „Sohn, ich habe lange über deine Zukunft nachgedacht! Du hast zwei Möglichkeiten: Entweder du lernst jonglieren oder du wirst Pelzmantel."

An der Grenze hält ein großer LKW.
Zöllner: „Haben Sie etwas zu verzollen?"
Fahrer: „Nein, nichts"
Der Zöllner geht misstrauisch um den Laster herum, hebt die Plane hoch und entdeckt einen Elefanten, an dessen Ohren jeweils ein Zwieback klebt.
Zöllner: „Erlauben Sie mal, Sie können doch nicht einfach einen unverzollten Elefanten über die Grenze bringen."
Fahrer: „Das vielleicht nicht! Aber ich werde mir doch auf meine Zwiebäcke draufschmieren können, was ich will."

Junge: „Was ist ein Rotkehlchen?"
Schwester: „Ach, irgend so ein verrückter Fisch!"
Junge: „Hier steht aber: Hüpft von Ast zu Ast!"
Schwester: „Da siehst du, wie verrückt der ist!"

Holzwurmmutter zu ihren Kindern: „Und nun, husch, husch in dein Brettchen."

Bauer Piepenbrink verkauft sein Pferd an seinen Nachbarn Gerstenkorn.
Gerstenkorn: „Da hast du mich aber schön angeschmiert. Als ich heute Morgen in den Stall kam, war das Pferd mausetot."
Piepenbrink: „Komisch! Bei mir hat es das nie gemacht."

Eine Dame kauft einen Trinknapf für ihren Hund. Der Verkäufer fragt, ob sie eine Aufschrift wünsche: „Für den Hund".
Dame: „Nicht nötig, mein Mann trinkt kein Wasser, und der Hund kann nicht lesen."

Das Telefon bimmelt. Der Hund hebt ab, und meldet sich: „Wau!"
„Bitte?", fragt die Stimme am anderen Ende der Leitung.
Der Hund wiederholt: „Wau!"
„Wer ist dort?"
„Wau! W wie Wilhelm, A wie Anton, U wie Ulrich!"

Das Häschen kommt in ein Milchgeschäft und fragt:
„Hast du Milch!?"
„Ja", antwortet die Verkäuferin.
„Hast du auch fettarme?"
„Ja, habe ich auch!"
„Dann musst du langärmelige Blusen tragen!"

Ein Mann hat eine Autopanne.
Das Pferd hinter dem Zaun sagt: „Es liegt am Vergaser!"
Entsetzt rast der Mann davon, findet eine Tankstelle und erzählt dort von seinem Erlebnis.
Der Tankwart fragt: „War das etwa drei Kilometer von hier?" Der erschütterte Mann nickt.
„Und, war das Pferd ein alter Schimmel mit gestutztem Schwanz?"
Der Mann nickt wieder.
Sagt der Tankwart: „Ach so, lassen Sie sich von dem Gaul nichts erzählen! Von Vergasern hat der keine Ahnung."

Kommt ein Holzwurm nach Hause und sagt zu seiner Frau: „Du, heute ist eine Holzladung aus Hongkong angekommen. Gehen wir chinesisch essen?"

Fragt das Häschen die Zapfsäule an einer Tankstelle:
„Bist du ein Roboter?“ Keine Antwort.
„Bist du kein Roboter?“ Keine Antwort.
Da wird es dem Häschen zu blöd: „Jetzt nimm doch endlich mal die Finger aus den Ohren, damit du mich verstehen kannst.“

Der kleine Holzwurm bittet: „Mama, bitte kein Teakholz, das ist so hart!“
Mutter: „Iss, Kind, das ist gut für die Zähne.“

Klaus hat in der Straßenbahn seinen Hund dabei. Der Schaffner verlangt für das Tier den vollen Fahrpreis.
Klaus: „Dann kann mein Hund aber auch einen Sitzplatz haben!“
Schaffner: „Na klar! Aber die Füße darf er nicht auf den Sitz legen.“

Ein Mann und ein Hund spielen im Park Schach.
Passant: „Sie haben aber einen klugen Hund!“
Mann: Wieso, er verliert doch dauernd.“

Ein Kamel und eine Kuh wollen sich selbstständig machen.
Kamel: „Ich dachte mir, wir machen eine Milchbar auf.“
Kuh: „Und wie stellst du dir das vor?“
Kamel: „Du sorgst für die Milch und ich für die Hocker!“

Treffen sich zwei Frösche.
Sagt der eine: „Mensch, du siehst aber traurig aus.“
Meint der andere: „Zu meiner Frau ist ja auch der Storch gekommen!“

Ein Nashorn trinkt in einer Bar einen Cocktail, bezahlt und will gehen.
Barkeeper: „Also, ein Nashorn war ja noch nie hier in der Bar."
Nashorn: „Bei diesen unverschämten Preisen war das auch das letzte Mal!"

Ein Mann kauft einen Schäferhund.
Neuer Besitzer: „Mag der Hund auch kleine Kinder?"
Alter Besitzer: „Ja, aber es ist billiger, wenn Sie ihm Hundekuchen kaufen."

Richter: „Wie heißen Sie, junge Frau?"
Angeklagte: „Thusnelda Dämlich!"
Richter: „Und was ist Ihr Vater?"
Angeklagte: „Alles, was auf den Tisch kommt!"

Brillenträger im Musikgeschäft: „Ich nehme die Ziehharmonika dort drüben und die Trompete da!"
Verkäufer: „Den Feuerlöscher können sie mitnehmen, aber die Heizung bleibt hier!"

Um Mitternacht klettern zwei Skelette auf dem Friedhof aus ihren Gräbern und gehen zu zwei abgestellten Motorrädern.
Plötzlich meint das eine Skelett: „Einen Moment, ich hab' was vergessen!"
Es kommt mit seinem Grabstein auf dem Rücken zurück.
Anderes Skelett: „Bist du übergeschnappt? Was soll denn das?"
Erstes Skelett: „Ich bin doch nicht blöd und fahre ohne Papiere!"

Eine dicke Frau steigt in der Apotheke auf die neue, moderne Waage.
Waage: „Immer nur eine Person auf einmal!"

Einfaltspinsel im Elektrogeschäft: „Ich brauche sechs durchgebrannte Glühbirnen!"
Verkäufer: „Was wollen Sie denn damit, die sind doch nicht mehr zu gebrauchen."
Einfaltspinsel: „Doch, ich richte mir gerade eine Dunkelkammer ein."

Schild in der U-Bahnstation: „Auf der Rolltreppe müssen Hunde getragen werden!"
Passant: „Und wo bekomme ich jetzt auf die Schnelle einen Hund her?"

Angerufener: „Wer ist denn am Telefon?"
Huber: „Huber"
Angerufener: „Bitte, wer?"
Huber: „Huber, Heinrich, Ulrich, Berta, Emil, Richard."
Angerufener: „Und wieso ruft ihr zu fünft an?"

Erste Mutter: „Wickelt ihr euer Kind auch mit diesen modernen saugfähigen Papierwindeln?"
Zweite Mutter: „Nein, wir geben ihm Trockenmilch und stauben es dann nur ab!"

Ein Dicker und ein Dünner treffen sich.
Dicker: „Wenn man dich sieht, kann man glauben, eine Hungersnot sei ausgebrochen!"
Dünner: „Und wenn man dich so sieht, kann man glauben, du seiest Schuld daran!"

Erwin kommt beschwipst nach Hause und meckert sofort: „Ist das heute wieder ein mieses Fernsehprogramm."
Sagt seine Frau: „Du stehst ja auch vor dem Spiegel!"

Passant: „Warum ziehen Sie denn ein Seil hinter sich her?"
Huber: „Ich hab's schon probiert, schieben geht nicht!"

Der fünfjährige Sohn von Neumeiers hat immer noch kein Wort gesprochen, und seien Eltern machen sich schon Sorgen.
Eines Tages brüllt der Junge am Mittagstisch: „Verdammt, wo ist das Salz?"
Die Eltern außer sich vor Freude: „Warum kannst du denn auf einmal sprechen?"
Sohn: „Bis jetzt war doch alles in Ordnung!"

Müller kommt pfeifend ins Büro, küsst die Sekretärin, haut seinem Chef eine runter und kippt ihm den vollen Aschenbecher über den Kopf.
Kollege: „Hör auf, du Knallkopf. Du hast nicht im Lotto gewonnen, wir haben Dich nur in den April geschickt!"

Der Polizist hat einen Betrunkenen angehalten und will den Führerschein sehen.
Der Autofahrer ist empört: „Den habe ich euch doch schon vor sechs Wochen gegeben! Ihr habt ihn doch nicht etwa verschlampt?"

Im Wirtshaus sitzen ein Student und ein Mann mit einer riesigen Nase an einem Tisch.
Student: „Wo haben Sie nur diese monumentale Gurke her?"
Mann: „Als bei der Schöpfung die Nasen verteilt wurden, bin ich zu spät gekommen, und es waren nur noch zwei da, meine und Ihre. Ich wollte schon Ihre nehmen, da sagte der Herrgott zu mir: Nimm die lieber nicht, das ist eine Rotznase!"

Huber: „Du, ich werde immer von meinem eigenen Schnarchen wach."
Freund: „Leg dich doch einfach in ein anderes Zimmer!"

Maier: „Mir fallen vor lauter Sorgen schon die Haare aus!"
Freund: „Und worüber machst Du Dir so viele Sorgen?"
Maier: „Das ich eine Glatze bekomme!"

Ein Geistlicher will sich im Wilden Westen ein Pferd kaufen.
Händler: „Kaufen Sie diesen Rappen. Er rennt bei 'Gott sei dank' los und bleibt bei 'Amen' stehen."
Der Geistlich kauft das fromme Tier und reitet los. Nach einiger Zeit galoppiert das Pferd auf eine Schlucht zu. Der Geistliche betet verzweifelt ein Vaterunser und bei dem Amen bleibt das Pferd kurz vor der Schlucht stehen.
Geistlicher: „Gott sei Dank!"

Weltreisender: „... und als der Löwe hinter mir her war, rettete ich mich in letzter Sekunde auf einen Baum!“
Zuhörer: „Aber in der Wüste gibt es doch keine Bäume.“
Weltreisender: „In dem Moment war mir das egal!“

Patient: „Herr Doktor, sie müssen mir helfen! Ich bilde mir ein, ein Biskuit zu sein!“
Doktor: „So ein kleiner viereckiger mit Löchern drin?“
Patient: „Ja, genau.“
Doktor: „Keine Bange, sie sind kein Biskuit, sondern nur ein ordinärer Zwieback!“

Knallmeier beim Psychiater: „Meine Frau schickt mich, da ich so gerne Pfannkuchen mag.“
Psychiater: „Aber, das ist doch ganz normal. Ich mag auch gerne Pfannkuchen.“
Knallmeier: „Oh fein! Wollen wir tauschen? Ich hab ein ganzes Album voll!“

Arzt: „Sie müssen unbedingt abnehmen! Nehmen auf keinen Fall mehr als tausend Kalorien pro Tag zu sich nehmen!"
Frau Mümmel: „Vor oder nach dem Mahlzeiten?"

Meier: „Herr Doktor, gestern haben Sie mir doch das Stärkungsmittel verschrieben."
Doktor: „Ja, was ist damit?"
Meier: „Ich bekomme die Flasche nicht auf!"

Doktor: „Ihnen geht's ziemlich schlecht. Sie haben Wasser in den Beinen, Kalk in den Adern und Steine in den Nieren!"
Riebesehl: „Toll, wenn Sie mir jetzt noch sagen, dass ich Sand im Kopf habe, fange ich an zu bauen!"

Ein Mann fragt seine Frau, die gerade beim Arzt war: „Was hat der Doktor gesagt?"
Frau: „Dreißig Euro!"
Mann: „Nein, was hast Du gehabt?"
Frau: „Zwanzig Euro!"
Mann: „Nein, was hat Dir gefehlt?"
Frau: „Zehn Euro!"

Doktor: „Sie sehen viel schlechter aus, als vor einer Woche! Sie sollten doch höchstens fünf Zigaretten pro Tag rauchen!"
Patient: „Habe ich auch gemacht. Allerdings habe ich früher gar nicht geraucht!"

Mann: „Haben Sie sich vor kurzem das Rauchen abgewöhnt?"
Meier: „Ja, wieso?"
Mann: „Sie drücken Ihre Kekse im Aschenbecher aus!"

Doktor: „Mit Hilfe dieser Medizin können Sie endlich die ganze Nacht durchschlafen!“
Patient: „Das ist ja toll, und wie oft muss ich sie nehmen?“
Doktor: „Alle zwei Stunden!“

Student: „Wann kann ich Sie mal besuchen?“
Professor: „Wann immer Sie wollen, aber seien Sie pünktlich!“

Doktor: „Ihr Puls ist in Ordnung, aber Ihre Zunge ist belegt. Haben Sie denn Appetit?“
Patient: „Das kommt darauf an, mal ja, mal nein.“
Doktor: „Und wann nicht?“
Patient: „Eigentlich immer nach den Mahlzeiten!“

Meisenbrink: „Heute Nacht habe ich geträumt, dass ich einen riesigen Champignon essen würde.“
Kollege: „Na, und?“
Meisenbrink: „Als ich aufgewacht bin, war mein Kopfkissen verschwunden!“

Knauser zum Postbeamten: „Ich hätte gerne eine Achtzig-Cent-Briefmarke! Aber machen Sie den Preis ab, es soll ein Geschenk sein!“

Züchter: „Mir ist es endlich gelungen, runde Bananen zu züchten!“
Kollege: „Das ist ja super.“
Züchter: „Der einzige Nachteil ist, die Dinger schmecken wie Orangen!“

Mitten in der Nacht klingelt bei Maiers das Telefon.
Anrufer: „Ist dort eins-drei-zwo-null-fünf-eins?"
Maier: „Nein! Dreizehn-zwanzig-einundfünfzig."
Anrufer: „Entschuldigung, dann habe ich mich verwählt!"
Maier: „Macht nichts, ich musste sowieso aufstehen, da mein Telefon geklingelt hatte."

Frau Huber zu ihrem Mann: „Deine Füße gucken ja unter der Bettdecke raus."
Huber: „Das weiß ich!"
Frau Huber: „Sind sie denn nicht kalt?"
Huber: „Doch, und wie!"
Frau Huber: „Warum steckst Du sie dann nicht unter die Decke?"
Huber: „Ich will die kalten Dinger doch nicht in meinem Bett haben!"

Ein Spazierstock wird in einen Schirmständer mit zwei Damenschirmen gesteckt.
Meint der eine Schirm: „Igitt, sieh mal, da kommt ein nackter Mann!"

Ein junger Autofahrer wird von der Polizei angehalten: „Den Führerschein? Den gibt's doch erst ab achtzehn, oder?"

Huber: „Egon, was hast Du eigentlich für eine Schuhgröße?"
Egon: „Viertel nach fünf!"
Huber: „Mann, dann müssen wir hier ja aussteigen!"

Zwei Irre spielen Mensch-Ärgere-Dich-Nicht.
Erster Irrer: „Schach!"
Andere Irrer: „Mann, bei Halma gibt es keinen Elfmeter!"

Gastgeberin: „Ist Ihnen langweilig?"
Gähnender Besucher: „Wohl weniger, es wird der Hunger sein!"

Buttler: „Eure Lordschaft, das Klavier im roten Salon ist verstimmt!"
Lord: „Worüber denn?"

Kinokassiererin: „Das Kino ist bis auf den letzten Platz ausverkauft!"
Besucher: „Macht nichts, dann geben Sie mir eben den letzten."

Ein Mann klettert an einer offen stehenden Bahnschranke hoch.
Schrankenwärter: „Mann, was treiben Sie da?"
Mann: „Ich vermesse die Schranke!"
Schrankenwärter: „Hätten Sie ja gleich sagen können, dann hätte ich sie Ihnen doch runtergelassen."
Mann: „Nützt ja nichts! Ich brauche die Höhe, und nicht die Breite!"

Hans will Franz besuchen und drückt die Türklingel.
Franz von drinnen: „Bei uns ist keiner zuhause!"
Hans von draußen: „Na, dann ist es ja gut, dass ich nicht extra gekommen bin."

Zuschauer während der Theaterpause: „Warum telefonieren die Schauspieler in diesem Stück eigentlich pausenlos?"
Wird ihm erklärt: „Die Souffleuse hat Grippe und arbeitet vom Bett aus."

Frisörmeister zu seinem Lehrling: „Wenn du im Laden fertig bist, gehst du auf den Hof und frisierst mein Motorrad!"

Taucher geht auf dem Meeresgrund spazieren.
Stimme im Kopfhörer: „Komm rauf, wir gehen unter!!!"

Ein Gärtner sammelt von der Straße Pferdeäpfel auf.
Passant: „Was machen Sie mit den Pferdeäpfeln?"
Gärtner: „Die streue ich auf die Erdbeeren."
Passant: „Komisch, wir nehmen immer Zucker!"

Ein Staubsaugervertreter will auf einem abgelegenen Bauernhof der Bäuerin seinen Staubsauger vorführen und schüttet einen großen Beutel Dreck vom Hof in die Stube.
Vertreter: „Ich werde jeden Krümel Dreck vom Boden aufessen, den dieser Staubsauger nicht wegsaugt!"
Bäuerin: „Mahlzeit, wir haben hier oben nämlich keinen Strom!"

Empörter Kunde an der Kasse: „Wenn sie noch nie einen 37-Euro-Schein gesehen haben, wie können Sie dann behaupten, er sei falsch?"

Kundin in der Boutique: „Könnte ich das gestreifte Kleid im Schaufenster mal anprobieren?"
Verkäuferin: „Aber sicher, allerdings haben wir auch Kabinen!"

Apotheker läuft hinter einem Kunden her und schreit: „Aus Versehen habe ich ihnen Zyankalitabletten statt Aspirin eingepackt."
Kunde: „Gibt es denn da einen Unterschied?"
Apotheker: „Ja, Zyankalitabletten sind acht Mark teurer!"

Polizist: „Sie wissen doch, dass ein Kind erst ab 12 auf dem Beifahrersitz mitfahren darf?"
Autofahrerin: „Ach Herr Wachtmeister, nun seien sie nicht so! Wegen der paar Minuten!"

Richter: „Warum haben Sie denn nur das Rad gestohlen?"
Dieb: „Wissen Sie, das Rad lehnte an der Friedhofsmauer, und ich dachte, der Besitzer sei gestorben!"

Herr Bollmann hat auf seinem Kopf nur noch drei Haare und geht damit zum Frisör.
Frisör: „Wie hätten Sie es denn gerne, der Herr?"
Bollmann: „Den Scheitel links, bitte!"
Der Frisör legt ein Haar nach links und zwei nach rechts. Dabei fällt leider ein Haar aus.
Frisör: „Das tut mir aber leid! Was soll ich jetzt machen?"
Bollmann: „Machen Sie einen Mittelscheitel!"
Leider fällt dabei ein weiteres Haar aus.
Verzweifelter Frisör: „Und nun, mein Herr?"
Bollmann: „Schon gut! Ich gehe heute struppig nach Hause!"

Schröders besichtigen eine Neubauwohnung.
Frau Schröder: „Das sind aber tolle Einbauschränke!"
Makler: „Nein, meine Dame, das sind die Kinderzimmer!"

Alter Arbeiter: „Früher mussten wir 25 Stunden am Tag arbeiten!"
Lehrling: „Der Tag hat doch nur 24 Stunden."
Arbeiter: „Wir haben halt eine Stunde früher angefangen!"

Kunde im Blumenladen: „Sind die Blumen künstlich?"
Verkäufer: „Natürlich!"
Kunde: „Was denn nun, künstlich oder natürlich?"
Verkäufer: „Künstlich natürlich!"

Hausfrau auf dem Markt: „Den Hasen da möchte ich nicht, der ist voller Schrotkörner!"
Verkäufer: „Nehmen Sie diesen da, der hat Selbstmord begangen!"

Eine Frau kauft eine Zitrone, ein Viertelpfund Paprika, zwei Zwiebeln und eine Schachtel Streichhölzer.
Frau: „Könnten Sie mir die Sachen ins Haus liefern?"
Verkäufer: „Leider nein, gnädige Frau, unser Lastwagen ist gerade mit einem Sträußchen Petersilie unterwegs!"

Ein Student spielt in seinem Nebenjob den Gorilla im Zoo, da dieser gestorben war und die Besucher nichts merken sollten. Er macht seine Sache richtig gut. Eines Tages schwingt er mit der Liane zu weit und landet nebenan im Löwenkäfig.
Zu Tode erschrocken brüllt er: „Hilfe, zu Hilfe!"
Löwe: „Sei still, du Idiot! Sonst verlieren wir noch beide unseren Job!"

Antreiber auf der Galeere: „Ich habe eine gute und eine schlechte Nachricht. Die gute: Ihr bekommt eine Sonderration Rum. Die schlechte: Nach dem Essen will der Käpt'n Wasserski laufen!"

Joe bewirbt sich als Holzfäller.
Chef: „Was haben Sie den vorher so gemacht?"
Joe: „Ich war Holzfäller in der Wüste Gobi!"
Chef: „Aber da sind ja gar keine Bäume."
Joe: „Eben, jetzt nicht mehr!"

Kassierer im Kino: „Mein Herr, das ist nun schon die siebte Eintrittskarte, die Sie innerhalb einer Stunde kaufen."
Herr: „Was soll ich denn machen? Am Eingang steht ein Kerl, der sie mir jedes Mal zerreißt!"

Im Kaufhaus: „Fräulein, ich möchte gerne ein Paar Unterhose."
Verkäuferin: „Lange?"
Käufer: „Das geht Sie gar nichts an, ich will sie ja nicht mieten, sondern kaufen."

Im Fundbüro: „Ist hier ein Fünfzig-Euro-Schein abgegeben worden?"
Fräulein: „Nein, nur ein Hundert-Euro-Schein."
Mann: „Macht nichts, ich kann wechseln."

Verhandlung im Gerichtssaal.
Richter zum ersten von drei angeklagten Männern: „Nun, was haben Sie angestellt?"
Erster Angeklagter: „Ich habe den Stein in den Kanal geworfen!"
Richter: „Das ist kein Delikt. Freispruch!"
Richter zum zweiten Angeklagten: „Und welche Straftat haben Sie begangen?"
Zweiter Angeklagter: „Ich habe dabei geholfen, den Stein in den Kanal zu werfen!
Richter: „Das ist auch kein Verbrechen. Freispruch!"
Richter zum Dritten Angeklagten: „Und weshalb sind Sie nun angeklagt?"
Dritter Angeklagter: „Ich bin der Stein, Euer Ehren! Hubert Stein!"

Richter: „Angeklagter! Sie haben also zwei Schweine gestohlen! Hat die Stalltür offen gestanden oder war sie verschlossen?"
Angeklagter: „Offen gestanden, sie war verschlossen!"

Elektriker vor der Wohnungstür: "Unverschämtheit! Bestellen einen her, um die Klingel zu reparieren, und dann macht keiner offen, wenn man schellt!"

Ein Gefangener wird im Knast vom Pech verfolgt. Zuerst werden ihm die Mandeln entfernt. Danach quetscht er sich das Bein bei der Arbeit so schlimm, dass es amputiert werden muss. Dann kommen seine Zähne raus und zum Schluss der Blinddarm.
Als er in seine Zelle zurückkehrt droht ihm der Wärter mit dem Finger: „Jetzt ist aber Sense! Meinst du, ich bin blöd und merke nicht, dass du Portionsweise türmen willst."

Meister: „Ja, was fällt dir denn ein, beim Arbeiten zu rauchen, Lümmel?"
Arbeiter: „Aber Meister, ich arbeite doch gar nicht!"

Zeitungskäufer: „Warum schreien Sie denn dauernd ‚Großer Schwindel! Achtzig Opfer!', wenn davon kein Wort in Ihrem Schmierenblatt steht?"
Zeitungsjunge: „Großer Schwindel! Einundachtzig Opfer!"

Quizmaster: „Was ist der Unterschied?"
Kandidat: „Zwischen was, bitte?"
Quizmaster: „Tut mir leid, helfen darf ich nicht!"

Karl: „Würden Sie mir bitte eine neue Klingel anbringen?"
Fahrrad-Mechaniker: „Gern! Aber die Bremsen sind auch nicht in Ordnung!"
Karl: „Weiß ich! Deshalb brauche ich ja die neue Klingel!"

Geschäftsmann zum Bekannten: „Ich leide unter Schlaflosigkeit!“
Bekannter: „Ach, da weiß ich etwas für dich, zähl einfach Schafe!“
Am nächsten Morgen treffen sich die beiden wieder.
Bekannter: „Na, hat mein Rat Erfolg gezeigt?“
Geschäftsmann: „Als ich bei 60000 Schafen angekommen war, habe ich angefangen, sie zu scheren. Dann habe ich 60000 Mäntel aus ihnen gemacht. Dann tauchte das Problem auf: Wo kriege ich so auf die Schnelle Innenfutter für 60000 Mäntel her und 30000 Heimarbeiter zum Knöpfe überziehen? Wo bringe ich die geschorenen Schafe unter? Woher das Futtergeld nehmen ohne Kredit und Zinsbelastung? Als ich die Probleme allmählich gelöst hatte, klingelte der Wecker.“

Ein Junge, der gerade mit der Schulausbildung fertig ist, bewirbt sich um eine Lehrstelle.
Meister: „Gut, du kannst in meinem Betrieb anfangen. Zu Anfang bekommst du 400 Mark und nach einem halben Jahr 600 Mark.“
Junge: „Gut, dann komme ich in einem halben Jahr wieder.“

„... und als ich aus dem Wirtshaus kam, sehe ich doch, wie einer mit meinem Auto davonbraust!"
„Und - können sie den Dieb beschreiben?"
„Das nicht, aber ich habe mir die Autonummer notiert."

In einer Konditorei bestellt ein Herr ein Kännchen Kaffee und zwei Stück Schwarzwälder Kirschtorte.
Kellner: „Tut mir Leid, Schwarzwälder Kirsch ist aus"
Herr: „Macht ja nichts. Bitte bringen Sie mir dann ein Kännchen Tee und zwei Stück Schwarzwälder Kirschtorte!"
Kellner, etwas lauter: „Leider haben wir keine Schwarzwälder Kirschtorte mehr. Wir haben davon heute schon alles verkauft."
Herr: „Ach, das ist nicht so schlimm. Bitte bringen Sie mir dann ein Kännchen Kakao und zwei Stücke Schwarzwälder Kirschtorte!"
Kellner, der nun völlig aus der Haut fährt: „Aus, ich sagte, aus! Es gibt keine Schwarzwälder Kirschtorte mehr!"
Herr: „Verstehe! Dann bringen Sie mir eben nur zwei Stück Schwarzwälder Kirschtorte!"

Oberkellner zu Kellner: „Was hat denn eigentlich der Gast von Tisch 8 ins Beschwerdebuch geschrieben?"
Kellner: „Nichts, er hat nur sein Kotelett reingeklebt!"

Kellner zu Gast: „Wünschen der Herr Weiß- oder Rotwein zum Menü?"
Gast: „Mir ist das völlig egal, ich bin farbenblind!"

Kellner zu Gast: „Haben Sie noch einen Wunsch mein Herr?"
Gast: Ja, bitte bringen Sie mir etwas Geld, damit ich zahlen kann!"

Gast beschwert sich : „Früher waren die Portionen hier aber viel größer als heute!"
Ober beschwichtigend: „Das meinen Sie nur, mein Herr! Wir haben nur inzwischen das Lokal vergrößert!"

Zwei Mädchen gehen erst um 11 Uhr abends von einer Party heim.
Sagt die eine: "Jetzt wird meine Mutter vor Wut kochen."
Sagt die andere: "Du hast es gut, ich krieg um diese Zeit nie etwas Warmes."

Der stolze Vater: "Mein Sohn, der Storch hat Dir ein Schwesterchen gebracht — willst Du es sehen?"
"Später — zeig mir erst mal den Storch!"

"Ich hätte ja wirklich mehr Vertrauen zu Deinen Ratschlägen, Mutti", sagt die flügge gewordene Tochter zur Mutter, "wenn Du Papa nicht geheiratet hättest!"

Fragt ein Junge einen Bayern: "Wie sagt ihr zu einem Laternenpfahl?" Sagt der Bayer: "Laternenpfahl. Und du?" Der Junge: "Ich sage nichts. Ich gehe einfach dran vorbei."

Paul zerscheppert in der Wohnung seines Onkels eine große Vase.
Der erblasste Onkel stammelt: "Die Vase war aus dem 17. Jahrhundert!"
Darauf Paul erleichtert: "Gott sei Dank, ich dachte schon, sie sei neu".

Tochter: "Mama, wie lang bist Du schon mit Papa verheiratet?"
Mutter: "Ganze zehn Jahre, meine liebe Tochter!"
Tochter: "Und wie lange musst Du noch?"

Zwei Freunde schauen Fußball: „Ein gutes Spiel", sagt der eine, „nur die Tore fehlen!"
„Wieso, da stehen doch zwei!"

Papi bringt seinen kleinen Sohn ins Bett. Nach einer Weile öffnet die Mutter ganz vorsichtig, nur einen kleinen Spalt weit, die Tür und fragt leise: "Und ist er schon eingeschlafen?"
Antwortet der kleine Sohn: "Ja, und er schnarcht!"

Im Jahr 1950: Immer mehr Haushalte bekommen Telefon. Klein Sybille schiebt einen Stuhl an die Anrichte klettert drauf, greift zum Hörer, und wählt.
"Ist da der Gemüsemann?" - "Ja." - "Meine Mutter kommt gleich. Sagen Sie ihr, Sie haben keinen Spinat mehr ..."

Der vierjährige Dieter darf mit Papi eine längere Autofahrt mitmachen. Abends zu Hause fragt die Mutter: "Na, ihr Zwei, wie war es denn?"
Der kleine total begeistert: "Ganz toll! Wir haben zwei Hornochsen, einen Knallkopp, sechs Armleuchter und einen Vollidioten überholt...."

Im Religionsunterricht fragt der Pfarrer den Stefan, ob er denn auch schön jeden Abend daheim ein Gebet spricht. "Das tut meine Mami immer für mich", entgegnet der Junge.
"Und was betet sie?" - "Gott sei Dank, dass er endlich im Bett ist!"

Der 5-jährige Sven hat noch nie ein einziges Wort gesprochen. Eines Tages sagte er am Mittagstisch: „Es fehlt Salz in der Suppe“. Erschrocken bis ins Mark schauen sich die Eltern an. Nachdem der erste Schreck überwunden ist, fragt die Mutter mit zittriger Stimme: „Sven, warum hast du denn die ganze Zeit nichts gesagt? Wir waren ja voller Sorge“.
Darauf Sven: „Warum sollte ich? Bis jetzt war das Essen doch in Ordnung.“

Max sitzt am Frühstückstisch und will die Marmelade haben. Seine Mutter fragt: "Wie heißt das Zauberwort mit zwei "t"?
Max: "Flott?"

"Mami möchtest du ein Eis?" — "Nein." — "Gut. Jetzt frag du mich!"

Peter: "Mami, ist der stille Ozean wirklich ganz still?"
Mutter: "Peter, kannst Du nicht mal was vernünftiges fragen?"
Peter: "Hm, wann ist das tote Meer gestorben?"

Ein Pfarrer hat einen Garten voller Apfelbäume. Jeden Tag verschwinden ein paar Äpfel. Da schrieb der Pfarrer ein Schild, darauf stand: "Gott sieht alles."
Am nächsten Tag stand darunter: "Aber er petzt nicht."

"Bei uns zu Hause ist jeder voll mies drauf", klagt Fritz bei seinem Freund.
"Der Einzige, der gut aufgelegt ist, ist der Telefonhörer!"

Es ging eine Uhr zum Arzt und der Arzt sagte du tickst nicht mehr richtig.

Treffen sich zwei Rühreier, sagt das eine: "Irgendwie bin ich so durcheinander ...!“

Was liegt die ganze Zeit auf der Erde, wird aber niemals dreckig?- Dein Schatten!

„Wie heißt den dein neuer Hund?“ – „Keine Ahnung, er will es nicht sagen.“

Womit endet die Ewigkeit???
Mit "t" ...

Was ist klein, rot und fährt ständig rauf und runter?
Eine Kirsche im Fahrstuhl ...

Wer reist ständig kostenlos um die Welt???
Der Mond!

Was ist, wenn man C & A in die Luft sprengt?
Antwort: Dann hat das Alphabet nur noch 24 Buchstaben.

Warum trinken Mäuse keinen Alkohol?
Weil sie Angst vor dem Kater haben!

Warum laufen Dudelsackspieler bei Musizieren?
Weil bewegliche Ziele schwerer zu treffen sind.

Weil Gott nicht überall sein kann, schuf er die Mütter.

Uli und Monika knobeln. Uli erklärt: "Ich werfe das Geldstück jetzt hoch. Bei Kopf gewinne ich, bei Zahl verlierst du!"

"Papa, was macht ein Storch, wenn er auf einem Bein steht?"
"Na was wohl, er überlegt den nächsten Schritt."

Fritzchen sitzt am See und angelt. Ein Spaziergänger fragt: "Und, beißen die Fische?"
Fritzchen antwortet entnervt: "Nein, Sie können sie ruhig streicheln."

Der stolze Vater prahlt beim Kaffee, wie toll sein einjähriger Sohn schon sprechen kann.
"Bubi, sag' mal Rhinozeros!"
Der Kleine kommt zum Tisch gekrabbelt, zieht sich an der Tischkante hoch, schaut skeptisch in die Runde und fragt: "Zu wem?"

Der Jüngling zu seinem Vater: "Du Paps, soll ich dir von meiner ersten Fahrt mit deinem Auto erzählen oder willst du es morgen in der Zeitung lesen?"

Vater ganz stolz zum Sohn: "Du Kind, warum hast du eigentlich mein Bild in dein Schulheft geklebt?."
Kind: "Weil die Lehrerin sehen wollte, welcher Dummkopf mir bei den Hausaufgaben hilft."

"Hallo, Ute! Wie geht dein neues Fahrrad?"
"Mein neues Fahrrad geht nicht, es fährt."
"Und wie fährt es?"
"Es geht."
Sepp fährt mit seinem Fahrrad, es ist fast dunkel. Ein Polizist hält ihn an. "Wie heißt du?"

Marina braust schwungvoll mit dem Fahrrad daher — und wumms, liegt sie auch schon auf der Nase.
Eine Spaziergängerin hat's gesehen und fragt voller Mitgefühl: "Bist du gestürzt?"
Knurrt Marina zurück: "Nein, ich steige immer so ab!"

Eine Oma zeigt dem Busfahrer die Fahrkarte. "Das ist ja eine Kinderfahrkarte meine Dame!" stellt der Busfahrer fest.
Sagt die Dame: "Da können sie mal sehen wie lange ich auf diesen Bus gewartet habe!"

Bei Familie Müller klingelt das Telefon. Ein kleiner Junge meldet sich: „Hallo?"
„Hallo, hier spricht Schmidt. Ist Deine Mama da?"
„Ja."
„Kann ich sie mal sprechen?"
„Nein, die ist im Moment beschäftigt."
„Ist Dein Papa da?"
„Ja."
„Kann ich den mal sprechen?"
„Nein, der ist gerade beschäftigt."
„Ist sonst jemand da?"
„Ja, die Polizei."
„Kann ich einen der Polizisten sprechen?"
„Nein, die sind gerade beschäftigt."
„Ist sonst jemand da?"
„Ja, die Feuerwehr."
„Kann ich einen der Feuerwehrmänner sprechen?"
„Nein, die sind gerade beschäftigt."
„Ja zum Donnerwetter! Was treiben die denn alle!?"
„Die suchen mich!"

Ein kleiner Eisbär geht zu seiner Mutter und fragt:
„Mama, bist Du auch ein Eisbär?"
„Ja, sicher."
„Wenn Du einer bist bin ich sicher auch einer. Und Papa? Ist das auch ein Eisbär?"
„Ja; ein großer schöner Eisbär.
„Und Oma und Opa, sind die auch Eisbären gewesen?"
„Ja natürlich..."
„Und der Uropa und die Uroma waren auch Eisbären?"
Eisbären Mutter (gebrochene, gequälte Stimme): „Jaaaa. Warum fragst Du denn die ganze Zeit? Was ist los mit Dir?"
Kleiner Eisbär (weinerlich) „Ach Mami, mir ist sooo kalt!"

Ein Dino-Kind fragt seine Mutter: "Komm ich in den Himmel wenn ich tot bin?" — "Nein, mein Schatz, ins Museum."

Am Abend ruft die Holzwurmmutter ihren Kindern zu: "Husch, husch ins Brettchen!"

JEDE MENGE **SCHERZFRAGEN** & AUCH FLACHE WITZE

Warum können Seeräuber den Flächeninhalt eines Kreises nicht berechnen?

Weil sie Pi raten.

Was liegt zwischen Meer und Land?

Das "und"

Was sagt ein arbeitsloser Hollywoodstar?

„Morgen free man!"

Wenn du in der Wüste, nicht weit von dir entfernt, einen Löwen und einen Jaguar siehst, was machst du, deine Pistole hat nur einen Schuss?

Du schießt auf den Löwen, setzt dich in den Jaguar und gibst Vollgas.

Was ist schlimmer als ein angebissener Apfel mit einem Wurm?

Ein angebissener Apfel mit einem halben Wurm

Womit backen Schlümpfe?

Garga-Mehl

Wie nennt man jemand der so tut als würde er etwas werfen?

Einen Scheinwerfer

Was isst der Dalai Lama zum Frühstück?

Buddhabrot!

Warum sind Geisterfahrer die freundlichsten Menschen?

Weil sie so entgegenkommend sind!

Was machen Filmstars, wenn Sie den Arm gebrochen haben?

Sie lassen ihn sich von Mel Gibson.

Wie nennt man einen übergewichtigen Vegetarier?

Biotonne

Wie viel wiegt 1 Hipster?

1 Instagramm

Was ist der Unterschied zwischen Regenwolken und Lehrern?

Keiner, denn wenn sie abziehen freuen sich alle.

Was ist schwarz, rot, gold und fliegt in der Luft rum?

Ein Marienkäfer mit Goldzahn.

4 Kinder stehen unter einem Regenschirm, warum wird keiner nass?

Weil es nicht regnet

Ein Mann kann den Punktestand vor jedem Fußball—Spiel exakt voraussagen. Wie macht er das?

Ganz leicht, weil der Punktestand vor jedem Spiel immer 0:0 ist.

Welche Maus kann fliegen?

Die Fledermaus

Was ist das Gegenteil von Katalog?

Kata sagte die Wahrheit.

Was hat eine Frau mit ihrem Mann gemeinsam?

Sie haben beide am gleichen Tag geheiratet

Was macht man mit einem Hund, der keine Beine hat?

Um die Häuser ziehen.

Warum können Geister so schlecht lügen?

Weil sie so leicht zu durchschauen sind.

Warum ging der Luftballon kaputt?

Aus Platzgründen

Was ist ein Keks unter einem Baum?

Ein schattiges Plätzchen.

Was macht ein Jäger, wenn er eine Schlange sieht?

Er stellt sich hinten an.

Wie nennt man ein helles Mammut?

Hellmut

Was gehört zu einem Schuh außer Sohle und Schnürsenkel unbedingt dazu?

Der zweite Schuh

Was lebt im Meer und bastelt an Autos rum?

Hilbert Lacher

Der Tunefisch

Was sucht ein Einarmiger in der Einkaufsstraße?

Einen Second-Hand-Shop!

Was heißt auf Russisch Baum?

Dimi Tree.

Wie nennt der Physiker seine Kinder?

Kelvin, Hektor und Pascal.

Was ist grün, klein und dreieckig?

Ein grünes kleines Dreieck.

Warum sind Glatzköpfe so friedliche Leute?

Weil sie sich nicht in die Haare kriegen können

Was macht ein Clown im Büro?

Faxen

Was steht auf dem Herd und keiner darf es wissen?

Topf Secret.

Was sind die teuersten Tomaten?

Die Geldautomaten.

---

was passiert mit einem blauen Schuh wenn er ins Rote Meer fällt?

Er wird nass.

Warum haben Elefanten rote Augen?

Damit sie sich im Kirschbaum besser verstecken können!

(Du hast noch nie einen Elefanten auf einem Kirschbaum gesehen?"

"Siehst du! So gut können sie sich verstecken!")

Wie öffnet ein Skelett seine Haustür?

Mit seinem SCHLÜSSELBEIN

Wie nennt man eine weibliche Pute?

Putin.

Was heißt Kuhstall aus Arabisch?

Mubarak.

Was befindet sich genau 1592,9km weit entfernt westlich vom Nordpol?

Nichts, man kann von Nordpol nicht nach Westen!

Was steht auf dem Grabstein eines Koches?

Er hat den Löffel abgegeben!

Was heißt Geigenkasten auf Spanisch?

Fidel Castro.

Was heißt Viehdiebstahl auf Englisch?

Oxford.

Was ist grün, hat vier Ecken und wenn es vom Baum fällt bist Du tot?

Billardtisch

Warum ist das Mathebuch so traurig?

Weil es zu viele Probleme hat.

Was ist rot und schlecht für die Zähne?

Ein Backstein.

Was macht kcat kcit?

Eine Uhr im Rückwärtsgang!

Was ist grün und wenn man auf den Knopf drückt wird's rot?

Frosch im Mixer.

Wie viele Kakerlaken sind nötig um eine Glühbirne zu wechseln?

Das wird man nie erfahren. Immer wenn das Licht angeht, laufen sie alle weg!

Wie vermehren sich Igel?

Ganz, ganz vorsichtig.

---

9 Schornsteine plus 37 Schornsteine plus 18 Schornsteine ergibt was?

sehr viel Rauch

Als was bezeichnet man eine Person, die nicht alle Finger an einer Hand hat?

Als normal.

An welchem Ort kommt Weihnachten vor Silvester?

Im Wörterbuch.

An welchen Nägeln kann man keine Bilder aufhängen?

Fingernägel.

Auf welche   kann niemand mit „ja“   en?

„Schläfst du?“

Auf welche   kann niemand mit „nein“   en?

„Hörst du mich?“

Auf welchen Pferden kann man nicht reiten?

Auf Seepferdchen

Auf welcher Straße ist noch keiner gefahren?

Auf der Milchstrasse.

Aus welchem Becher kann man nicht trinken?

Aus dem Märzenbecher.

Aus welchen Fässern kann man kein Bier zapfen?

Aus Weinfässern.

Aus welchen Gläsern kann man nicht trinken?

Aus Brillengläsern.

Bei welcher Taufe braucht man keinen Säugling?

Schiffstaufe.

Bekommt ein Leuchtturmwärter, wenn er stirbt, eine Rente?

Als Toter doch nicht!

Drei Männer fallen ins Wasser und werden pudelnass, aber nasse Haare haben nur zwei, warum?

Der dritte Mann hat eine Glatze.

Du bist in einem Raum, der kalt und dunkel ist. Du hast ein Streichholz; in dem Raum stehen ein Ölofen und eine Öllampe. Was zündest du zuerst an?

Natürlich das Streichholz!

Du hast 3 Äpfel, nimmst 2 weg, wie viele Äpfel hast du dann?

Du hast zwei

(die, die du weggenommen hast)

Du hast 4 Äpfel in einer Hand und nochmal 4 Äpfel in einer Hand. Was hast du dann?

Eine große Hand.

Du läufst bei einem Marathon mit und überholst den 2. Platz. Auf welchem Platz bist du nun?

Auf dem 2. Platz!

Ein Flugzeug stürzt im Grenzgebiet zwischen Thailand und Laos ab. Wo werden die Überlebenden begraben?

Überlebende begräbt man doch nicht!

Ein Gärtner will einen Baum pflanzen und hebt dafür ein Loch aus. Dieses ist 100 cm breit, 100 cm lang und 70 cm tief. Wie viel Erde ist in dem Loch?

Keine mehr!

Ein isländisches Fischerboot strandet vor der slowakischen Küste. Welches Land ist für die Bergung zuständig?

Gibt`s nicht, denn die Slowakei grenzt gar nicht ans Meer.

Ein Mann fällt aus dem Fenster eines 20-stöckigen Wolkenkratzers. Er nimmt keinen Schaden. Wie konnte das geschehen?

Ist doch klar, er ist nur aus dem ersten Stock gefallen.

Ein Mann geht ohne Regenschirm oder sonstigen Schutz raus in den Regen. Kein einziges Haar wird nass. Wie geht das?

Er hat eine Glatze.

Ein Mann hat sechs Töchter, jede davon hat einen Bruder. Wie viele Kinder hat der Mann?

Sieben

Ein richtig großer, wilder Löwe geht ins Kino. Wo darf er sich hinsetzen?

Wohin er will.

Eine Mutter will fünf Äpfel gerecht unter ihren 3 Kindern verteilen. Wie macht sie das am besten?

Sie kocht Apfelmus.

Es gibt ein Laub, das jeder gerne hat. Es wächst auf keinem Baum und wenn man es hat, wird es automatisch von Tag zu Tag weniger! Welches Laub ist das?

Urlaub.

Es ist zehn Kilometer lang, liegt in der Wüste und ist weiß und schwarz. Was ist das?

Ein weißer Faden und sein Schatten.

Hast du schon mal Fritten durch den Wald laufen sehen?

Da kannst du sehen, wie schnell die sind!

Ich habe einen Ozean aber kein Wasser; wer bin ich?

Eine Weltkarte.

Wenn 30 Männer eine Villa in 10 Monaten bauen, wie lange dauert es, dieselbe Villa zu bauen, wenn man nur 15 Männer hat.

---

0 Sekunden. Die Villa wurde bereits von den 30 Männern gebaut.

In welche Gläser sollte man keinen Wein gießen?

In volle Gläser natürlich!

In welchem Sack kann man nichts tragen?

Im Dudelsack.

In welchem Wald wächst kein Laub?

Im Nadelwald, Blätterwald

In welchen Zug passt nur ein Mensch, egal wie man sich anstrengt?

In den Anzug!

In welcher Schlacht ist die schlimmste Verletzung eine Erkältung?

In der Schneeballschlacht.

In welcher Schule lernt man nichts?

In der Baumschule.

Ist es erlaubt, dass eine Frau den Bruder ihres Witwers heiratet?

Sie ist doch tot!

Je mehr er hat, desto weniger wiegt er. Wer ist das?

Der Käse mit Löchern.

Kannst Du in zwei Sekunden 10 afrikanische Tiere Aufsagen?

---

10 Löwen

Kein anderer außer mir selbst kann sagen, wer ich bin. Wer bin ich?

Die Zunge.

Mit welchem Schlüssel kann man keine Tür öffnen?

Mit dem Violinschlüssel.

Mit welcher Waage kann man keinen Kilo Zucker wiegen?

Mit der Wasserwaage.

Ohne welche Schläge kann kein Mensch leben?

Ohne Herzschläge.

Peters Smartphone fiel in eine große Tasse Kaffee, wurde aber nicht nass, wie kann das sein?

Es war Kaffeepulver in der Tasse.

Polarbären sind sehr gut Jäger. Aber die fressen nie Pinguine. Warum nicht?

Polarbären leben am Nordpol und Pinguine am Südpol.

Soll man russischen Tee mit der rechten oder mit der linken Hand umrühren?

Bitte mit dem Löffel umrühren!

Vor wem muss jeder den Hut ziehen?

vor der Friseurin / vor dem Friseur

Wo wächst der beste Wein?

Nicht der Wein wächst, sondern die Trauben.

Wann darf ein Bauer lügen?

Dann, wenn ein "pf" davor steht.

(pflügen)

Wann fällt Frau das Abnehmen am leichtesten?

Wenn das Smartphone klingelt.

Wann ist jeder Mensch gerne allein?

Dann, wenn er etwas erbt

Wann kann man Wasser in einem Sieb tragen?

Wenn es gefroren ist

Wann sagt ein Chinese „Guten Morgen“?

Wenn er deutsch spricht

Wann sollte man ein Baby mit Tigermilch füttern?

Wenn es ein Tigerbaby ist

Wann werden in Chile die meisten Menschen geboren?

Nach neun Monaten

Warum blubbert es im Topf, wenn man Nudeln kocht?

Weil die Nudeln alle pupsen.

Warum fliegen Vögel im Winter in den Süden?

Weil es zu weit zum Gehen ist.

Warum ist das Rätselraten so gefährlich?

Weil man sich dabei den Kopf zerbricht.

Warum ist der Eisbär weiß und nicht pink?

Sonst hieß er Himmbär.

Warum ist der Hase ein gefräßiges Tier?

Weil er gleich zwei Löffel hat.

Warum ist der Mond so blass?

Weil er so viele schlaflose Nächte hinter sich hat.

Warum ist es illegal einen Mann der in Köln lebt, in Dortmund zu begraben?

Lebendige begräbt man nicht.

Warum kann es nicht zwei Tage hintereinander regnen?

Weil die Nacht dazwischen ist.

Warum kann man Mäuse nicht melken?

Weil man nicht weiß, wie man den Eimer drunter stellen soll.

Warum können Kühe kein Fahrrad fahren?

Weil sie keinen Daumen zum Klingeln haben!

Warum konnte Gott die Welt in sechs Tagen erschaffen?

Weil er keinen Chef hatte.

Warum legen Hühner Eier?

Wenn sie die Eier werfen würden, dann würden sie kaputt gehen!

Warum sieht man nie Kängurus am Bahnhof?

Weil sie Angst vor Taschendieben haben.

Warum sieht sich der Räuber sich immer um, wenn die Polizei ihn verfolgt?

Weil er hinten keine Augen hat.

Warum springt der Frosch bei Regen in den Teich?

Damit er nicht nass wird.

Warum springt die Kuh auf und ab?

Sie will einen Milchshake.

Warum steht ein Pils mitten im Wald?

Die Tannen zapfen mal wieder.

Warum summt die Biene?

Weil sie den Text nicht kann.

Warum tragen Chirurgen beim Operieren einen Mundschutz?

Damit sie nicht das Skalpell ablecken

Warum tragen Chirurgen beim Operieren Handschuhe?

Damit sie keine Fingerabdrücke hinterlassen

Warum wird in England das Heu nicht gemäht?

Weil Gras gemäht wird – zu Heu wird es erst noch.

Was et in allen Sprachen? Was spricht ohne Mund? Was hört ohne Ohren?

Das Echo.

Was bedeutet 3 hoch 1?

Ein pinkelnder Hund.

Was bleibt in der Ecke und reist doch um die Welt?

Die Briefmarke.

Was dauert eigentlich nur einen Augenblick, aber die Menschen sitzen oft lange daran?

Der Mittag.

Was denkt sich ein Gemüsestrudel, der direkt neben fettigen Pommes frites mit Ketchup liegt?

Nichts. Kann ein Gemüsestrudel denken?!

Was ergibt fünf Mal sieben?

Sehr feinen Sand.

Was fällt durch die Fensterscheibe, ohne sie zu zerbrechen?

Das Licht.

Was fliegt über die Blumenweise und macht mus, mus?

Eine Biene im Rückwärtsgang.

Was gehört ein Leben lang dir, aber jeder andere benützt es viel häufiger als du?

Dein Name.

Was gehört zu einem Schuh außer Sohle und Schnürsenkel unbedingt dazu?

Der zweite Schuh

Was geht immer um einen Baum herum, ohne müde zu werden?

Die Rinde.

Was geht läuft fröhlich durch Täler und über Berge und ist orange?

Eine Wanderine!

Was geht über das Wasser und wird nicht nass?

Die Brücke.

Was haben Alexander der Große und Pu der Bär gemeinsam?

Das Wort "der" im Namen.

Was haben Geburtstage und Regenschirme gemeinsam?

Sie werden oft vergessen.

Was hängt am Baum und späht durch die Fenster?

Ein Spannzapfen

Was hat 23 Zähne und ist schneller als 100 KMh?

Busfahrt mit dem Altersheim

Was hat 6 Füße und singt?

Das Gesangstrio

Was hat keine Füße und läuft trotzdem?

Die Nase

Was hat Spaß daran jemanden zu stechen?

Eine Sadistel

Was hat vier Beine und fällt trotzdem um?

Eine halbe Spinne

Was hat vier Beine und kann fliegen?

Zwei Vögel

Was hat vier Buchstaben, fängt mit „Po" an und man kann darauf sitzen?

Ein Pony.

Was hat zwei Beine und kann nicht laufen?

Eine Hose.

Was hat zwei Hände, einen Kopf und zwei Beine; ist aber nicht lebendig?

Eine Leiche

Was hüpft durch den Schnee und ist schwarz-weiß?

Ein Springuin!

Was ist aller Laster Anfang?

Die Stoßstange.

Was ist außen rot und innen weiß und feuert mit einem Maschinengewehr?

Ein Rambodischen!

Was ist bei der Laus groß und beim Elefanten klein?

Das „L".

Was ist braun und fährt im Winter die steilsten Hänge hinab?

Ein Snowbrot!

Was ist braun und fliegt durch die Luft?

Eine Ledermaus!

Was ist braun und läuft mit dem Korb zur Großmutter?

Brotkäppchen

Was ist braun und rast über die Straße?

Ein Rennschnitzel.

Was ist braun und versinkt im Meer?

Ein U-Brot!

Was ist das Gegenteil von Frühlingserwachen?

Abends rechts einschlafen.

Was ist das Gegenteil von Reformhaus?

RehHintermHaus.

Was ist das: Einer kommt, zwei sieht man?

Ein Mensch und sein Schatten.

Was ist das: Es fliegt durch die Luft und macht „muh muh“?

Ein Vogel mit Sprachfehler

Was ist das: Es ist rot und liegt vor dem Teich?

Ein Frosch mit Sonnenbrand.

Was ist der Unterschied zwischen einem Auto und einer Rolle Toilettenpapier?

Das Auto kann man auch gebraucht benutzen.

Was ist der Unterschied zwischen einem Bäcker und einem Teppich?

Der Bäcker muss morgens früh um halb 4 aufstehen. Der Teppich kann liegenbleiben.

Was ist der Unterschied zwischen einem Beinbruch und einen Einbruch?

Nach einem Beinbruch muss man drei Monate liegen, nach einem Einbruch drei Monate sitzen.

Was ist der Unterschied zwischen einem Einbrecher und einem Arzt?

Der Einbrecher weiß was einem fehlt

Was ist der Unterschied zwischen einem Pferd und einem Blitz?

Der Blitz schlägt ein, das Pferd schlägt aus

Was ist der Unterschied zwischen Regenwolken und Lehrern?

Keiner, denn wenn sie abziehen freuen sich alle

Was ist die älteste Solaruhr?

Die Sonnenuhr

Was ist ein Koreaner im Meer?

Nass

Was ist ein Sattelschlepper im Wilden Westen?

Ein Cowboy ohne Pferd

Was ist eine Brille aber keine richtige Brille?

Ein Klobrille

Was ist fettig und übernimmt den Haushalt?

Ein Diener Schnitzel

Was ist flüssiger als Wasser?

Hausaufgaben, die sind überflüssig

Was ist gelb und hüpft um den Teich?

Ein Postfrosch

Was ist gelb und kann nicht schwimmen?

Eine Planierraupe

Was ist gelb und schwimmt auf dem Ententeich?

Eine Schwanane

Was ist gelb und springt immer im Kreis?

Eine ferngesteuerte Banane

Was ist gesund und läuft über den Tisch?

Ein Fluchtsalat

Was ist gesund und ständig beleidigt?

Ein Schmollkornbrot

Was ist gesund, orange und hat eine Antenne mit Fuchsschwanz?

Ein Mantarinchen

Was ist grau und nicht da?

Keine Elefanten

Was ist grau und wird in Afrika zum Telefonieren genutzt?

Ein Telefant

Was ist grau, hat vier Beine und wiegt über eine Tonne?

Eine wirklich unglaublich große Maus

Was ist grün um belauscht andere Menschen?

Ein Spionat

Was ist grün und auf der Flucht?

Ein Essig-Schurke

Was ist grün und haut gegen die Wand?

Ein Klopfsalat

Was ist grün und miaut?

Eine Katze im Froschkostüm

Was ist grün und rennt durch den Wald?

Ein Rudel Gurken

Was ist grün, springt durch die Gegen und macht mäh?

Ein Frosch mit einem Sprachfehler

Was ist grün, stark geschminkt und steht am Straßenrand?

Eine Froschtituierte

Was ist grün, steht auf der Wiese und dreht sich?

Ein Frosch beim Hammerwerfen!

Was ist haarig und und eine gute Beilage?

Bartkartoffeln

Was ist braun und ganz klebrig?

Ein Klebkuchen

Was ist ist grün und stachelig, dann braun und glatt und sitzt hinter Gittern?

Eine Knastanie!

Was ist ist schwarz-weiß und steht still auf der Stelle?

Ein Klebra

Was ist knusprig, lecker und sitzt in der Kirche in der ersten Reihe?

Ein Frommfrites!

Was ist krumm und flattert am Mast?

Eine Fahnane!

Was ist lila und und betet?

Eine Frommbeere!

Was ist orange und beobachtet andere durchs Fenster?

Eine Spanderine!

Was ist orange und kann nicht ruhig sitzen?

Eine Zappelsine!

Was ist orange und steckt traurig in der Erde?

Ein Trübchen!

Was ist rot und lebt im Bad?

Eine Klomate!

Was ist rot, rund und hat zwei schwarze Streifen?

Ein Apfel mit Hosenträgern.

Was ist schon lange fertig und wird doch täglich gemacht?

Das Bett.

Was ist schwarz oder grün, wenn es sauber ist, aber weiß, wenn es dreckig ist?

Die Schultafel

Was ist schwarz und weiß und schwingt sich durch den Urwald?

Tarzan und Jane auf Hochzeitsreise.

Was ist schwarz, rot, gold und fliegt in der Luft rum?

Ein Marienkäfer mit Goldzahn.

Was ist schwerer: Eine Tonne Watte oder eine Tonne Eisen?

Beides ist gleich schwer.

Was ist süß und hangelt sich von Tortenstück zu Tortenstück?

Ein Tarzipan!

Was ist süß, blöd und klein?

Ein Dummibärchen!

Was ist vor dem Waschen sauber und nach dem Waschen schmutzig?

Das Waschwasser.

Was ist wärmer als ein Pelz?

Zwei Pelze

Was ist weiß und liegt auf der Weide?

Ein Schlaf!

Was ist weiß und springt durch den Wald?

Ein Jumpignon!

Was ist weiß und stört beim Essen?

Eine Lawine.

Was kann man jemandem geben, aber gleichzeitig behalten?

Eine ansteckende Grippe.

Was kann man nicht in die rechte Hand nehmen?

Die rechte Hand.

Was kann ein Dichter nicht mit Worten ausdrücken?

Eine Zitrone.

DANKSAGUNG

Liebe Leserin,
lieber Leser,

Es war mir eine Freude mit dir in die Welt der kunterbunten Witze einzutauchen...

Bis zum nächsten Mal und alles Gute!

Viele Grüße,
Dein Hilbert Lacher

Printed in Poland
by Amazon Fulfillment
Poland Sp. z o.o., Wrocław

54689756R00066